LE
JIU=JITSU
PRATIQUE

MÉTHODE DE DEFENSE ET D'ATTAQUE ENSEIGNANT
100 MOYENS D'ARRÊTER, IMMOBILISER, TERRASSER,
CONDUIRE OU EMPORTER UN MALFAITEUR, MÊME ARMÉ

Par Charles PÉCHARD
COMMISSAIRE DE POLICE DE LA VILLE DE PARIS

Ouvrage illustré de 142 gravures

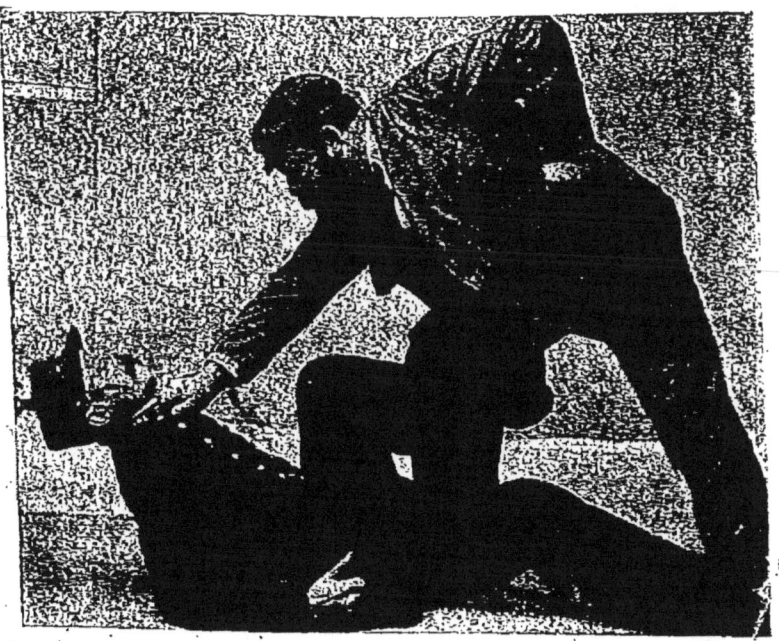

Jules RUEFF, Éditeur, 6 et 8, rue du Louvre, Paris

LE

JIU-JITSU

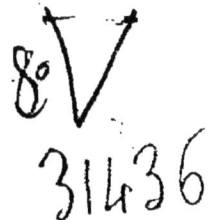

PRATIQUE

LE
JIU=JITSU
PRATIQUE

MÉTHODE DE DÉFENSE ET D'ATTAQUE ENSEIGNANT
100 MOYENS D'ARRÊTER, IMMOBILISER, TERRASSER,
CONDUIRE OU EMPORTER UN MALFAITEUR, MÊME ARMÉ

PAR

Charles PÉCHARD
COMMISSAIRE DE POLICE DE LA VILLE DE PARIS

Ouvrage illustré de 142 gravures

PARIS
JULES RUEFF, Éditeur
6 ET 8, RUE DU LOUVRE

LE
JIU-JITSU PRATIQUE

AVANT-PROPOS

En écrivant cet ouvrage, plus particulièrement destiné aux agents de la force publique, je n'ai pas eu l'intention de leur enseigner ce que dans le populaire on appelle : « le passage à tabac »; je n'ai pas cherché à développer chez ces fonctionnaires que le devoir met plus souvent que d'autres en contact avec des individus dangereux, le goût de la violence et de la brutalité; j'ai seulement voulu, grâce à une patiente compilation et à des observations personnelles faites au cours de mes nombreux voyages à travers l'Europe, exposer l'ensemble des moyens de défense dont il est bon de faire usage lorsqu'on se trouve en présence de gens peu scrupuleux à l'égard de la personne ou de la propriété d'autrui, et qui n'hésitent pas à mettre en œuvre des combinaisons que le chevalier Bayard n'aurait certes pas approuvées.

A la violence, il faut savoir répondre par la violence, à la ruse il faut opposer l'adresse et surtout se bien pénétrer de ce principe : que la force musculaire d'un individu est peu de chose lorsqu'elle se heurte à la force morale ou au sang-froid de celui contre lequel elle est dirigée.

Je sais bien que l'on peut objecter que l'agent, soit en uniforme soit en tenue civile, est généralement armé, ce qui lui crée une supériorité incontestable sur son adversaire ; il peut, si sa vie paraît menacée, faire usage du sabre ou du revolver que la loi l'autorise à porter, mais je pense qu'un policier prudent doit considérer son arme, moins comme un auxiliaire que comme un insigne de sa fonction, propre à intimider le malfaiteur hésitant, et que si la loi, par laquelle il est couvert, lui donne le droit de s'assurer d'un criminel, elle lui impose le devoir de livrer non un cadavre, ni même un blessé, mais simplement un prisonnier.

Or, le revolver comme le sabre sont des instruments dangereux à manier; une balle ne frappe pas toujours celui à qui elle était destinée, on ne mesure pas facilement l'effet d'un coup de lame porté soit à plat, soit en pointe, et ces moyens répressifs que nos idées sociales ont condamnés depuis longtemps ont, le plus souvent, pour résultat de soulever, même lorsqu'ils sont justifiés, la protestation des gens qui en sont témoins.

Souvent encore, l'agent attaqué n'a pas la faculté ou le temps de faire usage de son arme, il peut être saisi, terrassé dans des conditions où ses mouvements seront paralysés; le principal pour lui est donc de recouvrer le plus tôt possible une liberté d'action qui lui permettra, soit de s'assurer de son agresseur, soit de gagner le temps nécessaire à l'arrivée des secours.

C'est donc sur les moyens de défense que la nature a mis à notre disposition que l'agent doit compter uniquement pour sauvegarder son existence menacée et, comme l'a fort bien dit Maeterlinck : « le poing et le pied sont des armes de tous les jours, les armes humaines par excellence, les seules qui soient organiquement adaptées à la sensibilité, à la résistance, à la structure offensive et défensive de notre corps ».

L'homme à ce point de vue se trouverait assez mal partagé; ses ongles griffent à peine, ses dents sont disposées pour la mastication mais non pour la morsure; le moindre ânon envoie des coups de pied plus redoutables. Nous avons, par contre, la supériorité de l'intelligence que nous avons appliquée à nous fabriquer des armes artificielles qui ont augmenté l'étendue de notre action offensive ou défensive, mais dont les lois et les usages nous interdisent l'emploi courant.

Dans cette incessante recherche pour suppléer à nos muscles par des instruments plus ou moins perfectionnés, il semble que nous ayons oublié la culture des moyens les plus simples, quelquefois les meilleurs, pour attaquer un ennemi ou résister à son agression.

Cependant, on commence à reconnaître l'utilité de savoir se défendre par la seule force de l'intelligence et de la confiance en soi.

Chez nos voisins, les Anglais, où tous les sports sont en grand honneur, le duel a complètement disparu du jour où chacun a compris quelle somme de justice il détient dans ses deux poings fermés et, si étrange, si paradoxal que cela puisse paraître : dans tous les pays où ils sont cultivés, les exercices athlétiques tels que la boxe et la lutte, sont devenus des éléments de paix et de tolérance sociales.

Il est très rare d'entendre un boxeur se vanter des prouesses accomplies sur le dos de ses concitoyens; par contre, voyez le monde de l'escrime : il est peuplé de paladins de carnaval, de vantards et de névrosés dissimulant leur indigence physique sous une bravoure de commande que la moindre taloche sérieuse fait vite évanouir.

Ces professionnels de l'honneur se battent à tout propos, pour un oui, pour un non, souvent pour défendre des réputations ruinées que leurs palinodies ne font que démolir un peu plus; ils veulent que la presse tienne l'Univers au courant de leurs sottes discussions et si, après d'interminables pourparlers, « une rencontre est reconnue inévitable », ils poussent le ridicule jusqu'à faire perpétuer par la cinématographie le spectacle des piteuses évolutions auxquelles ils se sont livrés devant un public d'une intellectualité égale à la leur.

Celui qui sait ce qu'il vaut et ce qu'il peut, n'a pas besoin, pour punir un insolent, de recourir aux fleurets aseptisés ou aux pistolets truqués pour « échange de balles sans résultat »; il peut être patient et calme devant un énergumène dont les paroles seules l'atteindront et qu'il est certain de mettre à la raison dès qu'il le jugera nécessaire.

Les Japonais pratiquent, depuis 2 500 ans, un genre de lutte appelé le « jiu-jitsu ». Cette science, qui fut longtemps réservée aux classes supérieures, est aujourd'hui couramment enseignée dans toutes leurs écoles; elle permet à la faiblesse de vaincre la force et elle n'a pas peu contribué à donner aux Nippons, les plus petits de la race humaine, l'idée d'une force morale dont ils ont fourni de nombreuses preuves dans ces dernières années.

Cette gymnastique me fut révélée en 1901, de la manière la plus fortuite :

A cette époque, M. Bernard, contrôleur général de la Préfecture de police, promenait dans Paris le Procureur général de Tokio, venu, avec plusieurs hauts fonctionnaires, étudier l'organisation de notre administration.

Ce fut à mon bureau qu'il les conduisit pour leur montrer ce qu'était un commissariat et leur faire voir en même temps la collection d'objets ayant trait à la criminalité que j'ai rassemblés au cours de ma carrière déjà longue.

A l'issue de cette visite, j'accompagnai la mission japonaise dans un poste de police du IIe arrondissement où les agents se trouvaient réunis pour la relève du service.

Dûment prévenus, ils se tenaient sur deux rangs, brossés, astiqués, l'œil fixe et la moustache en bataille.

Justement fier de leur belle prestance et

après force détails sur les soins apportés dans leur recrutement, je dis au chef de la délégation, en lui montrant la brigade : « Voilà, Monsieur le Procureur général, des hommes que l'on aime à présenter à ses amis comme à ses ennemis ! » Il me lança du coin de son petit œil bridé un regard malicieux, esquissa un geste vague et échangea avec ses compagnons quelques mots que je ne pus comprendre mais qui parurent les mettre en gaîté.

Le lendemain, dans une nouvelle entrevue, j'insistai pour avoir son appréciation sur nos gardiens de la paix et voici, en substance, ce qu'il me fit dire par son interprète : « J'admire peu la force physique ; si elle est un signe de bonne santé, elle est rarement une marque d'intelligence, et la plupart des hommes superbes que vous m'avez présentés hier, feraient triste figure si on les mettait aux prises avec les policemen de mon pays. Ceux-ci sont petits mais agiles et capables, grâce à une instruction professionnelle spéciale, de maîtriser le plus robuste de vos agents. »

Pour compléter ses explications, il m'apprit qu'un Japonais du nom de Inouye-San, dirigeait à Nagasaki une école de jiu-jitsu à l'usage de la police et il me fournit, de très bonne grâce, le moyen de me procurer cette méthode dont je reçus un exemplaire en langue anglaise quelques mois plus tard.

C'est dans ce manuel de lutte astucieuse, dans cette nomenclature de coups sournois, que je me suis inspiré.

J'ai également mis à profit les observations que j'avais faites en Russie lorsque mon ami, le général Gresser, alors gouverneur de Saint-Pétersbourg, me fit visiter ses services et, dans les manuels spéciaux que le lieutenant-général N.-V. Kleygds, chef de la police russe, a fait éditer en 1902, à l'usage des « Gardavoïs », j'ai trouvé de précieuses indications pour compléter cette étude par l'enseignement de certains procédés permettant de maîtriser un homme, emporter un récalcitrant et désarmer un malfaiteur.

Le but que je me propose sera atteint si ce travail peut rendre quelques services aux braves gens à qui incombe la lourde charge d'assurer la tranquillité publique, comme à ceux que le hasard peut mettre un jour dans la nécessité de se défendre.

Les uns comme les autres, en étudiant les principaux moyens que j'enseigne, acquerront, par ce fait, la confiance en soi, cette forme de la bravoure, qui permet de ne redouter personne et fortifie les résolutions en raison des difficultés à vaincre.

Et maintenant, que ceux qui liront cet ouvrage, l'interprètent à leur guise, selon leur caractère et leur tempérament, mais qu'ils n'oublient pas que la brutalité et la fermeté sont deux choses très différentes, dont les résultats peuvent être et sont presque toujours opposés ; qu'il faut se battre, non par plaisir, mais par nécessité; que l'on ne doit faire montre de courage qu'en présence d'un danger réel et que l'intrépidité non justifiée dissimule souvent mal l'insolence et la couardise.

On peut être énergique sans être violent, comme on peut être violent tout en étant hésitant ou timoré.

L'homme violent obéit la plupart du temps à son instinct; l'homme énergique soumet ses actes au contrôle de sa raison, et celui-là seul doit être pris comme exemple.

CHARLES PÉCHARD.

CONSEILS PRÉLIMINAIRES

Les différents coups enseignés dans cet ouvrage n'ont rien de commun avec les passes d'escrime, de canne, de boxe ou de lutte, régies par des conventions que l'on ne peut enfreindre sans être disqualifié.

Toutes les manœuvres sont bonnes lorsqu'il s'agit de vaincre ; toutes les parties du corps peuvent être frappées indistinctement suivant les circonstances, et, dans l'attaque, la défense ou la riposte, on doit chercher à toucher son adversaire dans les endroits où le choc aura son maximum d'effet.

Il est donc nécessaire de connaître les points particulièrement sensibles sur lesquels une pression ou un coup produiront une douleur de nature à mettre l'opposant hors de combat ou dans un état d'infériorité marquée.

J'ai donc cru indispensable de faire précéder cette étude de quelques conseils utiles dont l'observation assurera le succès à ceux qui sauront les mettre rationnellement en pratique.

Tout d'abord, il faut se rappeler qu'à part de rares exceptions, on ne doit jamais frapper avec la main fermée; elle offre une trop large surface de répartition et l'effet du coup porté ainsi perd en intensité ce qu'il gagne en étendue.

Les coups doivent être donnés avec la percussion de la main ouverte, c'est-à-dire la partie qui continue le petit doigt, et accompagnés de certains mouvements propres à en augmenter la violence : ainsi lorsqu'on frappe avec la main, on doit faire simultanément un léger saut sur les pieds afin d'accroître le choc de toute la vitesse acquise par le corps.

Si on porte un coup de pied il faut, en raison du même principe, rejeter le corps en arrière.

Les attaques par derrière étant les plus fréquentes et les plus effectives, on devra, d'une façon générale, aussitôt saisi, se pencher en avant et chercher à prendre une jambe de l'adversaire pour amener sa chute.

Voici les divers points sur lesquels on doit presser pour causer une grande souffrance :

Sur le muscle placé à la partie interne, à un centimètre du coude.

Sur la première jointure du petit doigt de la main, en repliant ce doigt sur lui-même.

Sur le poignet, à l'endroit où l'on sent battre le pouls ; une pression avec le pouce force à ouvrir les doigts de la main saisie.

A la partie antérieure du bras, celle qui longe le corps en partant de l'aisselle, en saisissant à la poignée la chair de cet endroit.

Sur le muscle placé au dos de la main entre les deux doigts annulaire et auriculaire, à demi-distance du poignet.

Sur la cheville du pied en pressant sur l'os avec le pouce sur la partie saillante et externe.

Sur l'épiglotte ou pomme d'Adam, en engageant seulement les deux index dans le col de l'adversaire et en appuyant avec la seconde jointure de ces doigts repliés.

Sur les muscles qui descendent de chaque côté du cou, de l'oreille vers la nuque.

A l'abdomen, en pinçant fortement avec le pouce et l'index la peau du ventre, au-dessous du creux de l'estomac.

Si, au lieu d'exercer une pression, on porte un coup, voici les différents points du corps sur lesquels le choc doit avoir lieu :

Pied. — Sur l'orteil.

Tibia. — Au milieu et en avant.

Fémur. — Au milieu à droite ou à gauche.

Reins. — Au-dessus du coccyx.

Bras. — En avant du biceps ou sur le côté, au milieu.

Avant-bras. — Entre le poignet et le coude.

Poignet. — Côté indifférent, au milieu de la jointure.

Côtes. — Au-dessous des fausses côtes.

Poitrine. — Au plexus ou creux de l'estomac.

Cou. — Sur le côté, entre la clavicule et la

mâchoire, ou sur l'épiglotte (pomme d'Adam).

Nuque. — A la base du crâne. Ce coup peut être mortel lorsqu'il est porté avec la percussion de la main; si on frappe avec la paume, pousser d'avant en arrière et de bas en haut.

Clavicule. — Au milieu.

Nez. — De bas en haut en le refoulant.

Front. — Sur la tempe.

Dos. — A la hauteur des 6e et 7e vertères dorsales.

CONTRE LE TRAC

Le sang-froid étant la force principale sur laquelle on doit compter pour tenir tête à un adversaire qui en impose par sa taille ou sa vigueur, il est bon de connaître comment on peut vaincre ou tout au moins atténuer les émotions instinctives dues, non à l'intelligence volontaire qui réside dans le cerveau, mais à ce système nerveux qui échappe à notre contrôle, règle les actes de notre vie normale (respiration, circulation, digestion, etc.), et a son siège principal au creux de l'estomac, à cet endroit que l'on nomme le « plexus solaire ».

Il n'est plus à démontrer que nos jugements, nos pensées sont souvent dus à des réactions de notre organisme et l'on a maintes fois constaté que des gens de conditions et d'intelligence diverses, plongés dans le même milieu, subissent, sous l'influence d'un événement quelconque une impression produisant chez tous le même réflexe instinctif.

Ces actions involontaires et contagieuses sont dues à ce cerveau abdominal qui n'obéit qu'à ses règles propres et agit parfois contre notre volonté, soumise à son autorité toujours néfaste.

En effet, devant un danger, que deviennent les résolutions stoïques lorsque l'instinct de conservation se réveille en vous conseillant la fuite. Les raisonnements ne valent guère quand le sang circule mal, que la digestion s'arrête ou que les poumons oppressés rendent la respiration pénible.

Il faut donc discipliner ce centre phrénique dont on a jusqu'ici négligé l'éducation et faire fréquemment agir sur lui le diaphragme, les poumons et les muscles abdominaux.

Voici comment vous procédez :

Vous tenant debout, bien droit, les épaules

en arrière, respirez brusquement en dilatant vos poumons le plus possible, surtout dans la partie inférieure ; lorsque vous sentirez une forte pression dans la région supérieure de votre abdomen, retenez votre respiration pendant environ deux secondes, et, après une lente expiration, prenez quelque repos pour recommencer quatre ou cinq fois de suite.

Cet exercice que vous pourrez mettre en pratique lorsqu'un incident inattendu viendra, malgré toute raison, ébranler votre système nerveux, vous permettra de vous ressaisir dans les heures difficiles et d'échapper à cette influence que les hommes les plus braves ont éprouvée à certains moments et que l'on appelle vulgairement : « le Trac ».

PROCÉDÉS AGRESSIFS

Les divers systèmes présentés dans cet ouvrage ont été divisés en trois catégories :

Les procédés agressifs, c'est-à-dire ceux que des circonstances spéciales vous permettent d'employer bien que n'étant pas directement menacé.

Les procédés préventifs, propres à déjouer une agression sournoise.

Les procédés défensifs qui fournissent à la personne attaquée le moyen de tenir tête et souvent d'avoir raison d'un malfaiteur, même armé.

J'enseignerai donc, pour commencer, les diverses manières d'arrêter un fugitif.

Il peut tout d'abord paraître facile de se jeter sur un homme qui passe à votre proxi-

mité ou que l'on a rejoint à la course, ma[is]
cette opération n'est pas sans danger, car o[n]
voit trop souvent des malfaiteurs n'aya[nt]
commis qu'un délit de peu d'importance, n[e]
pas hésiter à porter des coups mortels à ceu[x]
qui tentent de les mettre en état d'arre[s]-
tation.

Tel fut le cas de Crampon, guilloti[né]
en 1893, qui, surpris dans le logement d'u[n]
marchand de vins du faubourg Saint-Denis, p[ut]
d'abord gagner la rue mais, poursuivi par [la]
foule, tua deux passants qui avaient essa[yé]
de s'opposer à sa fuite.

Il faut donc, lorsque l'on aborde un in[di]-
vidu ayant de bonnes raisons pour ne p[as]
tomber entre les mains de la police, se g[a]-
rantir contre une attaque de sa part et l'i[m]-
mobiliser du premier coup.

Arrêter un fugitif.

Première manière.

Si le fugitif vient vers vous, ne vous placez pas en arrêt sur son passage, vous risqueriez d'être renversé par le choc de la rencontre dans lequel il aurait le bénéfice de la vitesse acquise et vous lui donneriez le temps de se mettre sur la défensive ou de préparer une arme ; feignez, au contraire, de ne pas le voir, paraissez être indifférent aux clameurs de la foule, mais marchez obliquement à sa rencontre et, lorsque sans défiance il passera à votre côté, étendez brusquement un bras dont vous le frappez violemment à l'épiglotte, tandis que de l'autre main libre vous lui porterez un coup de poing au creux de l'estomac (fig. 1).

Deuxième manière.

Si, après poursuite, vous parvenez à rejoindre votre homme, ne lui laissez pas le temps de se retourner et d'entamer avec vous une lutte au cours de laquelle vous risqueriez d'être blessé; saisissez l'un de ses poignets que vous ramenez en arrière en lui imprimant un mouvement de torsion et, approchant votre corps le plus près possible de son dos, lancez par-dessus son épaule capturée votre bras libre dont vous le frapperez à l'épiglotte (fig. 2).

Troisième manière.

Il peut se faire que la position du fugitif vous ait mis dans l'impossibilité de vous emparer d'un de ses bras; dans ce cas, avancez une jambe entre les siennes et tirez-le fortement en arrière par les épaules, à la jointure desquelles vous exercerez un énergique pincement (fig. 3).

Quatrième manière.

Enfin, si les circonstances le permettent et que vous ne pensiez pas qu'il soit nécessaire d'user des moyens indiqués plus haut, vous arrêterez subitement un individu

Fig. 1. — Arrêter un fugitif (1re manière).

Fig. 2. — Arrêter un fugitif (2e manière).

Fig. 3. — Arrêter un fugitif (3e manière).

Fig. 4. — Arrêter un fugitif (4e manière).

lorsque, l'ayant rejoint, vous lui jetterez sur la tête une étoffe quelconque, pèlerine, manteau, couverture, etc., dont vous ramènerez et maintiendrez les bouts par derrière (fig. 4).

Empêcher la fuite d'un prisonnier.

Il est souvent indispensable, au cour[s] d'une instruction judiciaire, de conduire u[n] inculpé aux endroits où l'on a à faire un[e] perquisition, des constatations ou des re[-]cherches.

Cette promenade en voiture ou à pied e[st] très goûtée des détenus dans l'esprit desquel[s] elle fait naître l'espoir d'une fuite possible[,] et plusieurs malandrins sont restés célèbre[s] grâce à la façon dont ils ont brûlé la pol[i-]tesse aux agents chargés de les surveille[r] pendant leur sortie.

Tout récemment, l'escroc Boulaine a mi[s] de son côté les rieurs en « abandonnant » dans un cabaret les inspecteurs dont il ava[it] capté la confiance par une apparente docilité[,] et j'ai moi-même, il y a quelques années[,] « semé », selon l'expression consacrée, u[n] malfaiteur que j'avais extrait du dépôt pou[r] le conduire en perquisition.

Au sortir du Palais de justice, j'avais placé mon homme, accompagné de deux agents en costume civil, dans un fiacre découvert; à peine en route et comme nous passions devant un urinoir, il me pria de faire arrêter la voiture afin de satisfaire un besoin pressant. J'accédai à sa demande et, flanqué des deux inspecteurs, il pénétra dans l'édicule; quelques secondes s'étaient à peine écoulées, que, levant machinalement les yeux d'un carnet sur lequel j'écrivais quelques notes, je vis, à une vingtaine de mètres de moi, mon client filant comme un cerf et me saluant ironiquement d'un geste spécial que les soldats appellent une « basane ».

Je sautai hors du fiacre, courus vers l'urinoir où je trouvai mes deux auxiliaires devisant tranquillement devant l'entrée ; à mes interpellations véhémentes, ils bondirent dans l'édifice, mais n'y découvrirent qu'un « consommateur », duquel ils apprirent que leur prisonnier venait de filer en passant sous la tôle qui entoure les stalles à cinquante centimètres du sol.

Je revins tout penaud chez moi, j'employ[ai]
trois jours à retrouver et ramener au berc[ail]
la brebis fugitive, puis dans la suite, rech[er]
chant le moyen d'éviter le retour de parei[lle]
mésaventure, je me souvins d'un incide[nt]
dont j'avais été témoin à Lisbonne, au cou[rs]
d'une visite que le colonel Ferreira, com[
mandant les sapeurs-pompiers de cette vill[e]
me fit faire dans diverses stations de poli[ce]
urbaine.

J'avais assisté à l'arrestation d'un malfa[i]
teur doué d'une force peu commune; il rési[s]
tait aux agents, gesticulait de tous les mem[
bres et de temps en temps mettait à mal l'u[n]
de ceux qui essayaient de le contenir.

A un certain moment, comme on était pa[r]
venu à l'immobiliser sur le sol, un serge[nt]
de ville se précipita vers un angle du post[e]
saisit deux balais qu'il démancha rapidemen[t]
puis revenant vers l'homme il introduis[it]
un bâton dans chaque jambe de son panta[
lon, ce qui le réduisit immédiatement à l'im[
mobilité.

Ce souvenir me suggéra l'idée de rempla[

Fig. 5. — Empêcher la fuite d'un prisonnier (la canne).

Fig. 6. — Empêcher la fuite d'un prisonnier (dispositions).

cer le manche à balai par un instrument plus pratique ; je fis fabriquer une canne solide à laquelle j'adaptai une ceinture munie d'une boucle à vis, et depuis, lorsque les circonstances m'obligent à me promener en compagnie d'un monsieur me donnant quelque inquiétude, je prends la précaution, avant de sortir, de lui passer dans une jambe de son pantalon mon appareil qui, fixé à sa taille, le met dans l'impossibilité de se baisser, de courir et même de marcher trop vite.

Ces dispositions que j'ai maintes fois appliquées, m'ont permis de conduire et de laisser circuler avec une liberté relative dans les endroits où j'avais à opérer, des gaillards dangereux dont la docilité m'était garantie, grâce à ce bâton dissimulé sous leurs vêtements.

C'est cette canne à ceinture qui est représentée dans la figure 5 pour le détail, et dans la figure 6 pour son emploi.

On peut la remplacer, en cas d'urgence, par un bâton quelconque auquel on fixera une corde nouée solidement autour du corps de l'homme dont on veut empêcher la fuite.

Conduire un récalcitrant.

Voici plusieurs moyens d'emmener un individu refusant de marcher.

Première manière.

Vous trouvant face à face, prenez avec votre main gauche sa main gauche, en lui renversant le poignet, retournez-vous en passant rapidement votre bras droit tenu rigide sous son aisselle gauche, de façon à lui barrer la poitrine, puis, faisant levier avec son bras captif, vous l'obligez à se dresser sur la pointe des pieds ; dans cette position, vous vous mettez en route, et l'homme vous suivra docilement, car il ne peut plus ni se retourner, ni vous porter un coup de poing ou de pied (fig. 7).

Deuxième manière.

De vos deux mains, saisissez l'individu par un de ses poignets, que vous levez devant vous

Fig. 7. — Conduire un récalcitrant (1re manière).

Fig. 8. — Conduire un récalcitrant (2e manière).

Fig. 9. — Conduire un récalcitrant (3e manière).

Fig. 10. — Conduire un récalcitrant (4ᵉ manière).

e plus haut possible, en le lui retournant ; engagez ensuite une jambe entre les siennes et, avec votre corps portant contre son dos, poussez-le vers l'endroit où vous devez le conduire (fig. 8).

Troisième manière.

Vous trouvant derrière l'homme, passez votre bras gauche sous son aisselle gauche en lui appliquant la main sur la nuque, ce qui l'oblige à tenir le bras relevé ; avec votre main droite, empoignez ses vêtements, passez une jambe entre les siennes et, comme dans la deuxième manière, forcez-le à marcher devant vous (fig. 9).

Quatrième manière.

Ayant pris par derrière, en le lui retournant, un poignet du prisonnier, pressez avec votre main libre sur les muscles descendant de l'oreille à la nuque et poussez-le devant vous après avoir disposé vos jambes comme il est dit plus haut (fig 10).

Cinquième manière.

En employant le quatrième moyen de co‑
tenir un rebelle, on peut, au lieu d'exerc
une pression sur le cou, immobiliser compl
tement le bras captif en pinçant fortemer
avec la main libre, la jointure de l'épaule.

Ce procédé présente l'avantage de mett
l'homme hors d'état de faire des mouvemen
et par conséquent de se briser le poignet
se débattant (fig. 11).

Sixième manière.

Dès que l'on a pu s'emparer d'un bras
l'adversaire, passer rapidement derrière l
pour saisir son autre poignet que l'on ram
nera à côté du premier le long de sa colon
vertébrale. A toute tentative de révolte, vo
imprimez aux bras ainsi pris une torsion tr
douloureuse (fig. 12).

Septième manière.

Vous prenez, avec votre main droite, l
ongles en dessus, le poignet droit du réca

Fig. 11. — Conduire un récalcitrant (5e manière).

Fig. 12. — Conduire un récalcitrant (6ᵉ manière).

Fig. 13. — Conduire un récalcitrant (7e manière).

citrant; vous enveloppez, avec votre bras gauche, passé en dessous, et serrez contre votre corps, son bras captif; puis, avec votre main gauche, saisissant à la poignée un ou deux doigts de sa main droite, que vous relevez en arrière, vous l'empêchez de faire aucun mouvement de défense ou de fuite sous peine d'éprouver une souffrance atroce.

Lorsque la prise de ses doigts est bien assurée et le bras immobilisé, vous pouvez sans inconvénient lâcher le poignet et disposer de votre main droite pour parer à toute éventualité. Le coup se fait inversement selon le membre saisi (fig. 13).

Charger et emporter un homme.

Si pour diverses raisons vous ne jugez pas utile d'user des moyens décrits précédemment ou que, pour épargner du temps, vous préférez emporter votre prisonnier au lieu de le faire marcher, vous opérez ainsi.

Première manière.

Avec votre main gauche, ayant saisi son poignet gauche retourné, vous passez votre épaule droite sous son aisselle gauche et, tout en vous baissant légèrement, vous faites un mouvement tournant sur vous-même, l'homme quittera aussitôt le sol, ses pieds pourront s'agiter dans le vide sans vous atteindre et vous vous mettrez en marche en tirant sur son bras gauche dans la direction du sol (fig. 14).

Deuxième manière.

Ce procédé est fort simple et permet d'enlever sans grands efforts un adversaire d'un

Fig. 14. — Charger et emporter un homme
(1ʳᵉ manière).

Fig. 15. — Charger et emporter un homme
(2e manière, 1er temps).

Fig. 16. — Charger et emporter un homme
(2e manière. 2e temps).

Fig. 17. — Charger et emporter un homme
(3ᵉ manière, 1ᵉʳ temps).

certain poids ; pour le bien faire comprendre nous le scinderons en deux temps :

Premier temps.

Étant face à face avec l'homme, emparez-vous de ses deux mains dont vous serrez fortement les poignets (fig. 15).

Deuxième temps.

Puis, d'un brusque mouvement vous les lui croisez, et vous vous retournez pour faire passer ses deux bras sur l'une de vos épaules (fig. 16).

Troisième manière.

Comme la précédente, elle se décompose en trois mouvements bien distincts.

Premier temps.

Saisissant avec votre main gauche le poignet droit de l'individu en le lui relevant aussi haut que possible (fig. 17).

Deuxième temps.

Baissez-vous rapidement, glissez sous son

aisselle ainsi découverte et passez votre main droite entre ses jambes en tirant sur son bras capturé qui doit porter sur votre épaule gauche (fig. 18).

Troisième temps.

Vous vous relevez ensuite d'un seul coup, maintenant toujours le bras saisi sur lequel vous exercez une traction qui force l'individu à se tenir dans une position oblique, les jambes loin de vous et le bras libre hors de votre portée (fig. 19).

Quatrième manière.

Il est très difficile, sinon impossible, de charger et d'emporter seul un homme inanimé, sans risquer de le blesser ou d aggraver son état. Cependant à l'aide de certaines dispositions vous pouvez, sans aucun concours, transporter assez loin un individu de poids moyen.

Premier temps.

Vous plaçant accroupi sur le côté gauche de l'homme étendu à terre sur le dos (fig. 20).

Fig. 18. — Charger et emporter un homme
(3ᵉ manière, 2ᵉ temps).

Fig. 19. — Charger et emporter un homme
(3ᵉ manière, 3ᵉ temps).

Fig. 20. — Charger et emporter un homme (4e manière, 1er temps).

Fig. 24. — Charger et emporter un homme (1re manière, 2e temps).

Fig. 22. — Charger et emporter un homme (4e manière, 3e temps).

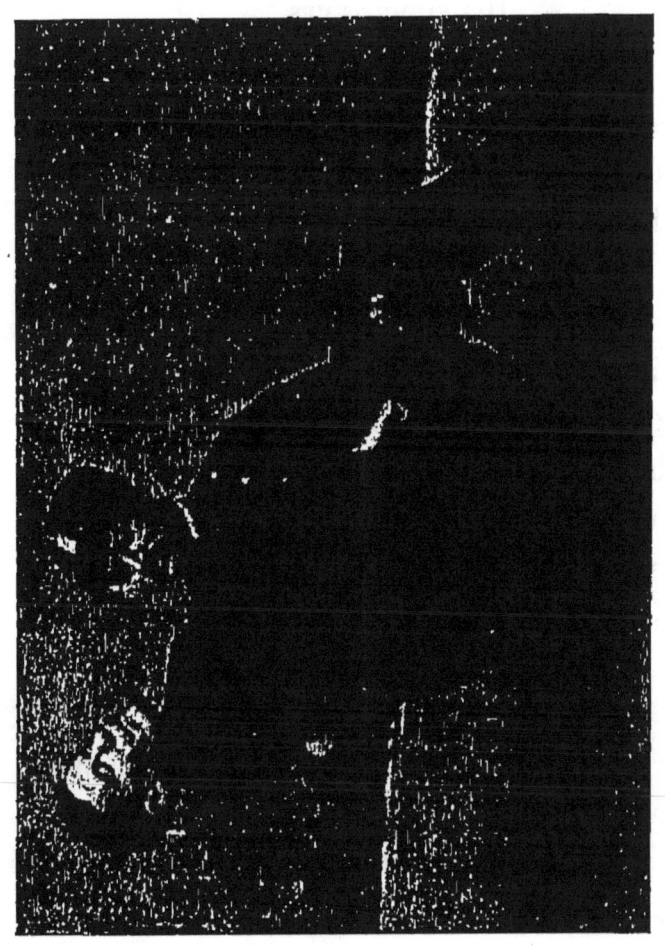

Fig. 23. — Charger et emporter un homme (4e manière, 4e temps).

Deuxième temps.

Vous soulevez son torse, avec précaution, après vous être assuré qu'il n'a aucun membre fracturé et le redressez sur son séant dans la position d'une personne assise (fig. 21).

Troisième temps.

Puis, avec votre main droite contournant son torse, vous vous emparez de son poignet gauche passé devant sa poitrine et, toujours accroupi, vous engagez votre main gauche sous ses jambes à la hauteur des genoux légèrement relevés (fig. 22).

Quatrième temps.

Lorsque vos prises sont bien assurées, penchez-vous lentement en arrière en soulevant ses jambes et en tirant fortement sur le bras saisi ; ce double mouvement fera monter progressivement le corps le long de vos jambes et l'amènera sur vos genoux (fig. 23).

Cinquième temps.

Relevez-vous alors en continuant votre mouvement en arrière, et si vous manœuvrez sans brusquerie vous ne courez aucun risque de tomber à la renverse, le fardeau de vos bras vous ayant servi de contre-poids.

Vous pouvez encore rendre cette opération plus facile en ne prenant qu'une jambe et laissant pendre l'autre, mais si ce procédé soulage votre bras gauche, il a l'inconvénient d'entraver votre marche et de déplacer l'aplomb du corps que vous portez (fig. 24).

Fig. 24. — Charger et emporter un homme
(4ᵉ manière, 3ᵉ temps).

Immobiliser un homme.

Ce n'est pas tout de s'emparer d'un malfaiteur, il faut surtout prévenir toute rébellion de sa part, déjouer les efforts qu'il fera pour s'échapper et au besoin prendre à son égard des mesures violentes mais nécessaires qui lui feront rapidement comprendre l'inutilité de sa résistance et le contraindront à la soumission.

Voici divers moyens d'immobiliser un turbulent.

Première manière.

1° Si l'homme est vêtu d'une blouse, relevez-la lui brusquement par-dessus la tête et tournez en corde les extrémités que vous ramènerez à volonté, en avant ou en arrière, en prenant la précaution de vous tenir assez loin de lui ou sur le côté pour éviter un coup de pied (fig. 25).

Deuxième manière.

S'il est habillé d'un paletot, saisissez-le par les revers, à la hauteur du collet, et rabattez vivement le vêtement sur ses bras qui se trouveront emprisonnés par les manches ainsi que dans une camisole de force.

Comme précédemment, on peut opérer dans le sens que l'on juge le meilleur, mais il faut se garantir contre un coup de genou au ventre ou de talon sur le pied (fig. 26).

Troisième manière.

Vous trouvant placé dans le même sens que l'individu, emparez-vous de l'un de ses bras que vous ramènerez vers vous en le lui retournant pour faire porter le coude sur un de vos genoux relevé, puis, de la main libre, tirez-le en arrière en exerçant un pincement à la jointure de l'épaule opposée au bras captif (fig. 27).

Quatrième manière.

Avec la main gauche, prenez le poignet

Fig. 25. — Immobiliser un homme (1re manière).

Fig. 26. — Immobiliser un homme (2e manière).

Fig. 27. — Immobiliser un homme (3ᵉ manière).

Fig. 28. — Immobiliser un homme (4e manière).

gauche du prisonnier, relevez-lui le bras et passez sous son aisselle gauche votre bras droit dont la main viendra s'appliquer sur sa nuque; en appuyant vigoureusement sur sa tête tout en maintenant son bras en l'air, vous le forcerez à se courber vers la terre et arrêterez toute tentative de résistance par une torsion de son poignet (fig. 28).

Ce coup peut se faire du côté inverse, selon le bras dont vous vous serez emparé.

Cinquième manière.

Si vous êtes sur le côté droit de l'homme, saisissez, en le lui retournant, son bras droit que vous envelopperez de votre bras gauche dont la main viendra serrer votre poignet droit pendant que votre jambe gauche barrera sa jambe droite pour l'empêcher de vous porter un coup de pied.

Ainsi pris, vous immobilisez son corps en appuyant fortement votre épaule contre la sienne, et s'il tente de vous donner un coup de poing avec sa main libre vous lui causerez une grande douleur en appuyant sur son bras capturé, portant à faux au coude et à l'épaule.

Comme dans le moyen précédent, on peut pratiquer dans le sens contraire si, au lieu d'être à droite, on se trouve à gauche au moment de l'attaque (fig. 29).

Sixième manière.

Ce moyen, connu dans le monde des apaches sous le nom de « coup du pante », est excellent pour immobiliser un homme qui refuse, par exemple, de se laisser fouiller ; on l'exécute ainsi : on emprisonne avec les deux jambes l'une de celles de l'individu, on passe les deux bras sous les aisselles et on lui appuie fortement derrière la tête avec les deux mains que l'on a réunies, les doigts croisés sur sa nuque.

Tout mouvement de défense lui devient alors impossible (fig. 30).

Septième manière.

Selon le côté où vous vous trouvez, saisissez avec la main correspondante le bras le plus proche de vous en lui imprimant une torsion,

Fig. 29. — Immobiliser un homme (5ᵉ manière).

Fig. 30. — Immobiliser un homme (6ᵉ manière).

Fig. 31. — Immobiliser un homme (7ᵉ manière).

Fig. 32. — Immobiliser un homme (8e manière).

et pendant que votre jambe voisine de l'individu barrera les siennes pour l'empêcher d'avancer, faites effort sur son épaule prisonnière avec votre bras resté libre (fig. 31).

Huitième manière.

Que vous soyez à droite ou à gauche du prisonnier, vous prenez avec la main correspondante et toujours avec torsion, le bras le plus proche de vous, puis, de la main libre, vous lui serrez le cou, par côté, en plaçant le pouce sur l'épiglotte et les autres doigts dans le creux situé au-dessus de la nuque.

En agissant ainsi et tout en infligeant à l'homme une douleur capable d'arrêter la rébellion, vous ne ferez courir à sa vie aucun danger (fig. 32).

Neuvième manière.

On l'appelle le « coup des tifs »; elle consiste à prendre avec une main les cheveux de l'individu par derrière et, tandis qu'on lui appuie vigoureusement un genou sur le ventre, on exerce une forte pression avec le pouce et les doigts de l'autre main sur les muscles qui descendent de chaque côté des oreilles à la nuque (fig. 33).

Dixième manière.

Le même coup se pratique dans le sens opposé. Tout en renversant la tête de l'homme après l'avoir empoigné par la chevelure, on lui applique un genou à la hauteur des reins et, avec la main libre, on comprime, comme il est dit plus haut, les muscles du cou (fig. 34).

Onzième manière.

Parvenu à acculer un individu contre un mur, vous mettrez fin à sa résistance en lui jetant au collet les deux mains croisées dont les avant-bras relèveront son menton tandis que l'une de vos jambes, appliquée contre son ventre, l'empêchera de se baisser ou de vous porter un coup de genou (fig. 35).

Douzième manière.

Ce procédé, quoique ressemblant beaucoup

Fig. 33. — Immobiliser un homme (9ᵉ manière).

Fig. 34. — Immobiliser un homme (10e manière).

Fig. 35. — Immobiliser un homme (11e manière).

Fig. 36. — Immobiliser un homme
(12ᵉ manière, 1ᵉʳ temps).

Fig. 37. — Immobiliser un homme
(12e manière, 2e temps).

au précédent, est plus efficace car, non seulement il amène l'immobilisation de celui à qui on l'applique, mais encore, grâce à une compression progressive de la gorge, on obtient rapidement la capitulation de l'adversaire. On le décompose en deux temps :

PREMIER TEMPS.

Tenant les mains étendues, les paumes en l'air, empoignez solidement le vêtement de l'homme de chaque côté du collet (fig. 36).

DEUXIÈME TEMPS.

Votre prise assurée, tournez vos deux poignets en dedans, ce qui amènera vos pouces à la hauteur de l'épiglotte sur laquelle vous presserez jusqu'à ce que l'opposant demande grâce (fig. 37).

Treizième manière.

Enfin, si on se trouve en face d'un adversaire qui, tombé sur le ventre, essaie de se relever ou de porter des coups, on arrête tout mouvement en posant un pied sur l'une de ses jambes et en s'emparant de son autre pied que l'on relève en le lui retournant (fig. 38).

Quatorzième manière.

L'homme à terre peut se trouver sur le dos, dans ce cas on se jette sur lui de côté ; on saisit, avec torsion, le poignet le plus voisin et l'on étend de toute sa longueur le bras captif, dont le coude doit porter sur votre genou correspondant au côté immobilisé ; avec la main libre passée sous son menton, on empoigne les vêtements et, tandis que le genou sur lequel le bras est appuyé comprime le corps à la hauteur des fausses côtes, on lui relève vigoureusement la tête en arrière afin d'éviter un coup de dent (fig. 39).

Fig. 38. — Immobiliser un homme (43e manière).

Fig. 39. — Immobiliser un homme (14e manière).

Terrasser un homme.

Première manière.

Avec une main, le prendre par les vêtements, au collet ; avec l'autre main lui immobiliser, à la hauteur du biceps, le bras opposé au côté saisi, puis, d'un coup de pied sec, chasser en dedans la jambe correspondante au bras captif tandis que vos bras imprimeront au corps de l'homme un brusque mouvement dans le sens contraire au côté où la jambe a été chassée (fig. 40).

Deuxième manière.

Si on craint que le coup de pied donné brise la cheville de l'individu, on opère différemment. L'ayant saisi comme il est dit plus haut, on place entre les siennes la jambe correspondante au bras qui appréhende le collet ; on met à terre l'autre genou et on imprime au corps un brusque mouvement du côté opposé au genou touchant le sol (fig. 41).

Troisième manière.

Avancer la jambe droite entre celles de l'homme, lui lancer avec force le bras gauche autour des reins en l'attirant vers soi et, avec la paume de la main droite appliquée sous le menton, lui renverser brusquement la tête en arrière (fig. 42).

Quatrième manière.

Si vous vous trouvez sur le côté de l'adversaire, à droite par exemple, calez avec votre jambe droite sa jambe gauche, poussez avec votre bras gauche passé en travers des reins son corps en avant et, de votre bras droit tendu et lancé par-dessus son épaule, frappez-le rudement à la gorge (fig. 43).

Cinquième manière.

Ceci est une variante du coup précédent : étant à la gauche de l'individu vous immobilisez sa jambe gauche avec la vôtre, votre bras gauche vient le ceinturer violemment en s'agrippant aux vêtements, et d'une forte

Fig. 40. — Terrasser un homme (1re manière).

Fig. 41. — Terrasser un homme (2ᵉ manière).

Fig. 42. — Terrasser un homme (3e manière).

Fig. 43. — Terrasser un homme (4e manière).

poussée de la main droite appliquée sur la nuque vous le jetez en avant (fig. 44).

Sixième manière.

Dans la même situation que précédemment, c'est-à-dire à gauche de l'opposant, passez rapidement votre bras gauche sous son aisselle gauche en le saisissant par les vêtements sur l'épaule droite, le bras appuyant fortement sur sa gorge, faites un mouvement tournant pour amener vos reins contre les siens et penchez-vous brusquement en avant pour le faire tomber à la renverse (fig. 45).

Septième manière.

Que vous soyez par derrière ou de côté, prenez à deux mains un des poignets de l'homme; passez son bras capturé sur votre épaule la plus voisine de son corps en le tirant aussi fortement que vous pourrez vers le sol, vous favoriserez ce mouvement en fléchissant le genou correspondant, puis relevez-vous brusquement, ce qui provoquera sa chute en avant (fig. 46).

Huitième manière.

Passez un bras derrière la nuque de l'adversaire en l'empoignant par les vêtements sur l'épaule qui est opposée au côté où vous vous trouvez, de votre main libre, pressez à la hauteur du biceps le bras correspondant à cette épaule, et fendez-vous en avant tout en faisant un tour sur vous-même afin de lui faire perdre terre (fig. 47).

Neuvième manière.

Ce coup est excellent à employer contre un homme qui se défend en portant les mains en avant; on le terrasse rapidement en lui saisissant les deux poignets que l'on relève brusquement en l'air et en lui portant simultanément un coup de genou dans l'abdomen (fig. 48).

Dixième manière.

Vous pouvez arriver au même résultat en ne vous servant que d'un bras :

Après avoir pris avec votre main droite la

Fig. 44. — Terrasser un homme (5ᵉ manière).

Fig. 45. — Terrasser un homme (6e manière).

Fig. 46. — Terrasser un homme (7e manière).

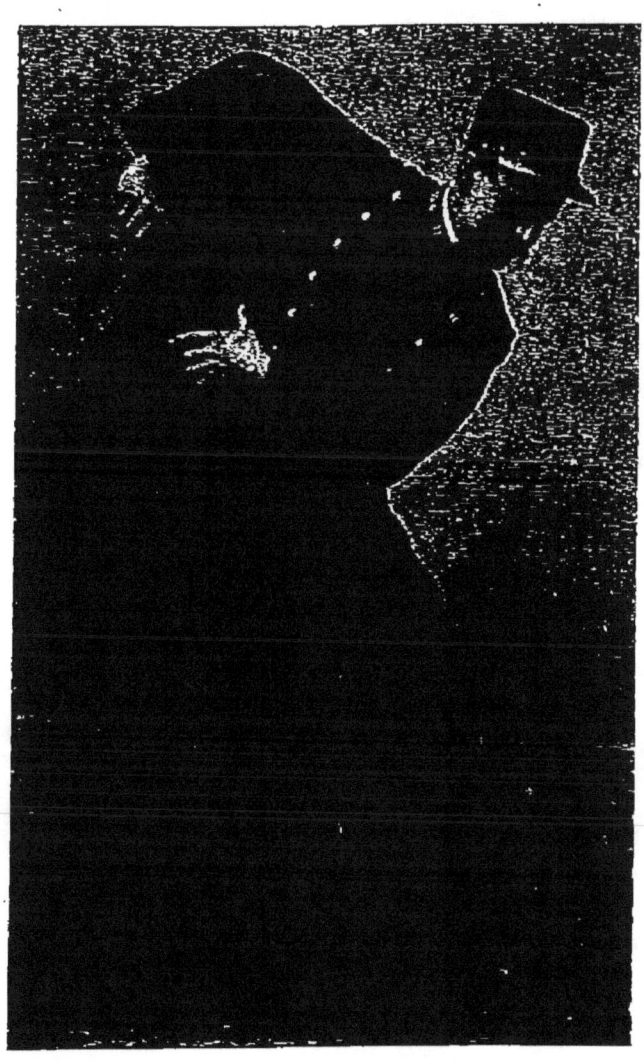

Fig. 47. — Terrasser un homme (8e manière).

Fig. 48. — Terrasser un homme (9ᵉ manière).

Fig. 49. — Terrasser un homme
(10e manière, 1er temps).

Fig. 49 *bis*. — Terrasser un homme
(10ᵉ manière, 2ᵉ temps).

main droite de l'opposant en lui emprisonnant tous les doigts, vous appuyez fortement votre pouce sur le muscle placé entre le quatrième et le cinquième doigt (fig. 49), puis vous faites un pas du côté du bras captif que vous relevez avec force au-dessus de son épaule et chassez en avant, d'un coup sec de votre pied gauche, la jambe la plus proche de vous, l'homme perd ainsi l'équilibre et tombe à la renverse (fig. 49 *bis*).

PROCÉDÉS PRÉVENTIFS

Il est un proverbe qui dit : « Le meilleur moyen de défense est l'attaque ». Si donc un individu, dont vous ne pouvez deviner les intentions, vous importune par ses propos n'ayant souvent pour but que d'amener une réponse un peu vive et motiver une rixe sur laquelle il compte, vous ne devez pas hésiter à vous débarrasser de lui ou tout au moins à le mettre pour quelques instants hors d'état de vous attaquer.

La plupart des coups que je vais indiquer sont destinés à être employés dans les lieux publics, lorsqu'on se trouve entouré de badauds que votre discussion intéresse, mais qui sont disposés à prendre fait et cause contre vous si, perdant patience, vous vous portez le premier à des violences ostensibles.

Le coup du blair.

Êtes-vous serré de trop près par un homme approchant son visage du vôtre ou vous suivant avec obstination ? ne le perdez pas de vue, car vous pourriez être attaqué soudainement, mais, tout en l'invitant à vous laisser tranquille, affectez de vouloir écarter de vous sa figure et, de la paume de votre main, rebroussez-lui le nez de bas en haut. Il n'est pas nécessaire d'agir avec force pour obtenir un résultat satisfaisant : le nez est un organe qui, par accoutumance, supporte facilement la traction de haut en bas, mais le refoulement de ce cartilage est des plus douloureux, et celui que vous aurez frappé dans ces conditions, pleurera et restera étourdi pendant assez longtemps (fig. 50).

Fig. 50. — Le coup du blair.

Fig. 51. — La pincette.

La pincette.

C'est l'équivalent du coup du blair, avec cette différence, qu'au lieu de frapper le nez de l'opposant de bas en haut, on lui imprime un mouvement de torsion en le lui saisissant entre le médius et l'index repliés sur lesquels vient s'appliquer le pouce pour augmenter la pression (fig. 51).

La poussée.

Toujours montrant des intentions conciliantes et en accompagnant votre geste de bonnes paroles, vous pouvez enlever à un obstiné de la discussion, l'envie de continuer le colloque, en l'écartant par un coup sec porté au creux de l'estomac avec l'extrémité de vos doigts tenus rigides (fig. 52).

Fig. 52. — La poussée.

Fig. 53. — La clavicule.

La clavicule.

Dans des circonstances semblables, au lieu de repousser votre importun par un choc au creux de l'estomac, ce qui peut avoir parfois des conséquences assez graves, bornez-vous, en faisant semblant de le frapper familièrement sur l'épaule, à lui donner un petit coup sec sur le milieu de la clavicule avec la percussion de votre main.

Il n'est pas indispensable d'agir avec brusquerie ni de mettre trop de force, si l'on veut éviter la fracture de l'os ainsi heurté (fig. 53).

Le talon.

Ce moyen est des plus efficaces, et il a l'avantage de pouvoir être utilisé sans attirer l'attention des personnes présentes, pas même de celle qui en est victime.

Vous êtes ennuyé par un homme grossier s'attachant à vos pas, vous menaçant ou vous provoquant ; laissez-le s'approcher assez près et, lorsqu'il sera à votre proximité, feignant un moment d'impatience vous lui porterez un fort coup de talon sur l'orteil.

Malgré ses cris, les témoins du fait ne vous ayant vu commettre sur votre opposant aucune violence, attribueront à sa maladresse « l'accident » qui vient de lui arriver (fig. 54).

Fig. 54. — Le talon.

Fig. 55. — Le chapeau.

Le chapeau.

La politesse chez certains individus est une chose dont on doit se méfier; aussi, dans une discussion ou quand les événements ne justifient pas cette manifestation courtoise, méfiez-vous des gens qui se trouvant près de vous portent la main à leur coiffure comme pour vous saluer; si vous ne faites pas attention, ils vous frapperont au visage avec le bord rigide de leur chapeau ou la visière de leur casquette.

On pare cette attaque par un geste qui est tout de circonstance: on lève la main droite, esquissant un salut militaire, et on la maintient à la hauteur de la figure qu'elle garantit contre un coup de côté ou de face (fig. 55).

La fourchette.

L'attaque connue sous ce nom est terrible, car elle a pour résultat, lorsqu'elle est faite habilement, de sortir ou de crever les deux yeux.

Voici comment elle se pratique : l'agresseur s'approche de sa victime dont il endort la confiance par des protestations pacifiques, puis subitement, il lui lance dans les deux yeux les doigts médius et index disposés en forme de V ou de fourche.

Comme dans le coup du chapeau, on se garde en tenant sa main droite levée et placée verticalement dans la ligne du nez (fig. 56).

Fig. 56. — La fourchette.

Fig. 57. — Le coup du gaviot (1re manière).

Le gaviot.

En argot, le mot gaviot signifie gosier, gorge ; cette partie du cou où l'on voit légèrement saillir un petit organe que l'on nomme épiglotte ou pomme d'Adam, est un des points les plus sensibles du corps, et il suffit d'un coup même faible à cet endroit pour mettre hors de combat celui qui en est atteint.

On mettra donc à profit cette particularité lorsque l'on voudra se débarrasser rapidement d'un individu suspect ou dangereux.

Première manière.

Étant importuné par un homme dont l'insistance à se rapprocher vous met en méfiance, vous paraissez vouloir l'écarter et, étendant brusquement un bras à la hauteur de son cou, vous le frappez à la gorge avec la percussion de la main (fig. 57).

Deuxième manière.

Si vous avez à repousser l'agression d'un individu qui s'est avancé trop près, saisissez son poignet le plus proche de vous, étendez son bras à toute longueur et, avec votre main libre, portez-lui le coup ci-dessus indiqué (fig. 58).

Troisième manière.

Ce procédé, que j'ai enseigné à nombre de personnes et que j'ai maintes fois employé, lorsque j'ai eu maille à partir avec des malandrins, nécessite, pour être bien compris, sa décomposition en deux temps.

Premier temps.

Vous trouvant sur la droite de l'homme, retournez-vous brusquement en lui lançant sous le menton votre bras gauche dont la main viendra saisir son collet ou revers le plus haut possible, à gauche, après avoir heurté violemment sa gorge (fig. 59).

Fig. 58. — Le coup du gaviot (2ᵉ manière).

Fig. 59. — Le coup du gaviot (3ᵉ manière, 1ᵉʳ temps).

Fig. 60. — Le coup du gaviol (3ᵉ manière, 2ᵉ temps).

Deuxième temps.

Votre main étant agrippée au vêtement, relevez-lui vivement le menton avec votre avant-bras et de votre main droite non utilisée jusqu'à présent, donnez-lui un coup de poing sur le nez, ce que les voyous appellent « mettre le cachet de la maison » (fig. 60).

Ces deux temps doivent se faire presque simultanément; si on les exécute rapidement, on peut mettre hors de combat en quelques secondes plusieurs assaillants à la condition de les distancer, ce que l'on obtiendra en simulant une retraite qui placera vos poursuivants dans la position la plus favorable pour être atteints.

Le chien méchant

Quelle que soit sa taille ou sa race, un chien est toujours effrayé lorsqu'il se trouve subitement en présence d'un objet ou d'un être dont l'aspect ne lui est pas familier.

Si donc vous êtes attaqué par un chien féroce, vous le mettrez facilement en fuite en vous couvrant la tête d'un morceau d'étoffe quelconque, mouchoir, pèlerine, qui dissimulera votre visage et en marchant sur les mains au-devant de lui.

On peut encore se contenter de tenir entre les dents un chapeau que l'on aura soin de balancer et derrière lequel on poussera des cris pour augmenter l'inquiétude de l'animal (fig. 61).

Fig. 64. — Le chien méchant.

Fig. 62. — Un coup de canne (la feinte).

Fig. 63. — Un coup de canne (le coup).

Un coup de canne.

J'ai souvent remarqué qu'un individu menacé d'un coup de canne, tout en se mettant en état de défense ou de parade ne quitte plus du regard la partie de l'arme par laquelle il craint d'être atteint et que son attention se concentre tout entière sur le milieu du bâton levé contre lui (fig. 62).

C'est en raison de cette particularité que vous serez certain de toujours toucher un homme, même sur ses gardes, en manœuvrant ainsi.

Après avoir provoqué un mouvement de parade en feignant de lui porter un coup, abaissez rapidement votre canne en la retournant et frappez-le en bout avec le pommeau dont il n'a pas surveillé le mouvement (fig. 63); vous l'atteindrez d'autant mieux qu'en voulant parer votre attaque simulée, il aura relevé un bras et découvert tout un côté.

Évanouissement simulé.

Un adage policier établit ce principe « qu'après minuit les honnêtes ivrognes doivent être au poste ou dans leur lit »; il faut par conséquent se tenir sur ses gardes, lorsque, dans un endroit désert, on rencontre un individu étendu sur un banc ou sur le sol; si vous avez l'imprudence de vous intéresser à lui, si vous tentez de le relever ou de vous enquérir de son état de santé, vous courez grand risque d'être victime de votre compassion et de voir le pseudo-cadavre, profitant de votre position défavorable pour parer à une attaque, vous empoigner par une jambe, un bras ou la tête et, intervertissant les rôles, vous renverser sur le sol pour vous dévaliser à son aise.

Doit-on pour cela refuser de s'occuper des personnes trouvées dans la rue inanimées? Non, mais afin de ne pas être surpris ou frappé par un faux malade, voilà comme on doit opérer :

Fig. 64. — L'évanouissement simulé.

On soulèvera par le côté le corps de l'homme après lui avoir préalablement saisi, en le lui retournant légèrement, le bras le plus près de soi et, avec la main libre passée derrière sa tête, on viendra prendre l'autre épaule dont on pincera fortement la jointure (fig. 64).

Si on a affaire à un vrai évanoui, la douleur causée ne sera pas suffisante pour lui faire reprendre ses sens, mais si on est en face d'un simulateur, il trouvera votre intervention plutôt mauvaise, cherchera à se dégager brusquement ou à vous appréhender.

Dans ce cas on pèsera sur son bras captif, dont le coude porte à faux, tandis que votre genou lui comprimant les côtes, arrêtera toute velléité de résistance.

PROCÉDÉS DÉFENSIFS

Le répertoire des malfaiteurs est très fourni en coups sournois au moyen desquels ils saisissent leur victime et la dévalisent après avoir paralysé ses mouvements.

Parmi ceux-ci, un des plus communs est celui connu sous le nom du « coup du père François ».

Le coup du père François.

C'est généralement lorsque l'on passe dans un lieu solitaire qu'il faut se méfier de cette attaque.

Elle se pratique ainsi :

Le malfaiteur s'approche traîtreusement de sa victime, par derrière, ou, l'ayant croisée en chemin, se retourne brusquement lorsqu'il l'a dépassée et lui lance autour du cou un foulard, une corde ou une ceinture qu'il tient préparé (fig. 65).

Dès que cette sorte de lazzo a atteint son but, l'agresseur se retourne sur lui-même, fait passer les extrémités de son lien sur une de ses épaules, se courbe en avant et force ainsi sa victime, dont le dos touche le sien, à quitter le sol en se renversant en arrière.

A ce moment, un complice accourt ; il laisse « le client » se débattre quelques secondes, puis, lorsque, suffoqué, celui-ci a commencé

Fig. 65. — Le coup du Père François
(l'attaque, 1ᵉʳ temps).

Fig. 66. — Le coup du Père François
(l'attaque, 2ᵉ temps).

à perdre connaissance, il procède à une exploration de ses poches.

L'opération terminée, on abandonne le dévalisé, qui reste parfois assez longtemps avant de revenir à lui et se trouve dans l'impossibilité de donner le signalement de ses agresseurs qu'il n'a pu apercevoir (fig. 66).

M. Virmaître, dans son étude sur les escarpes, a recueilli les principes de ce coup spécial, mis en monorimes par un des disciples du célèbre malfaiteur :

> Pour faire le coup du Père François,
> Vous prenez un foulard de soie ;
> Près du client, en tapinois,
> Vous vous glissez sans qu'il vous voie
> Et, crac!... vous lui coupez la voix.
> Sitôt qu'il est devenu d'bois,
> Vous lui prenez c'qu'il a sur soi,
> Et c'est ainsi qu'en Pantinois
> On fait fortune avec ses doigts.

Parade.

On peut, de deux façons, se défendre contre ce coup.

Première manière.

Dès que vous voyez passer quelque chose devant votre visage ou que vous vous sentez saisi par le foulard : ne cherchez pas à vous dégager avec les mains ; si fort que vous soyez, vous ne parviendrez pas à faire lâcher prise à votre agresseur et, l'étreinte se produisant très vite, toute résistance deviendrait inutile ; retournez-vous rapidement sur vous-même ; le lien enserrera toujours votre cou, mais dans le sens contraire, et vous vous trouverez face à face avec l'assaillant, à qui vous porterez un coup quelconque avec d'autant plus de facilité que ses mains seront occupées. Si pour se défendre il lâche son foulard : ayant reconquis la liberté de votre action, vous pouvez, avant l'arrivée du complice, mettre hors de combat votre premier agresseur par un des procédés indiqués plus haut (fig. 67).

Deuxième manière.

Si vous vous sentez saisi et dans l'impossibilité de vous retourner comme il est dit pré-

Fig. 67. — Le coup du Père François
(parade, 1re manière).

Fig. 68. — Le coup du Père François (parade, 2ᵉ manière).

cédemment, soulevez les pieds de terre afin de peser de tout votre poids sur le foulard qui, remontant, ne comprimera plus que la mâchoire et les oreilles, puis laissez-vous tomber assis en entrainant l'agresseur avec lequel vous vous trouverez dos à dos sur le sol.

Cette position n'est pas très favorable pour résister aux attaques du complice qui, seul, peut vous porter des coups, mais vous pourrez, à ce moment, mettre en pratique les moyens enseignés plus loin à l'article intitulé « La défense à terre » (fig. 68).

La bascule.

C'est un moyen très employé pour faire chavirer un homme que l'on attaque à l'improviste ; il se pratique comme suit :

On immobilise, en l'enveloppant, l'un des bras de la victime ; on cale avec une jambe, la jambe correspondante au côté saisi et, de la main libre, on lui donne une forte poussée dans la poitrine pour le faire tomber en arrière (fig. 69).

PARADE.

Si vous avez été assailli par derrière, pivotez rapidement sur le talon de la jambe calée : vous vous trouvez alors face à face avec votre agresseur dans les meilleures conditions pour lui envoyer une riposte (fig. 70). Mais si vous avez été attaqué par un adversaire vous faisant face et cherchant à vous renverser, non par une poussée dans la poitrine, mais par une torsion violente du bras saisi (fig. 71) :

Fig. 69. — La bascule (1re manière).

Fig. 70. — La bascule (1re manière, parade).

Fig. 71. — La bascule (2e manière).

Fig. 72. — La bascule (2e manière, parade).

PARADE.

Tournez, comme dans le précédent cas, sur le talon de la jambe calée et, vous trouvant cette fois derrière l'opposant, provoquez sa chute en vous baissant et en vous emparant d'une de ses jambes relevée brusquement en arrière (fig. 72).

Le bras roulé.

Très pratiqué par les lutteurs, mais dans des conditions inoffensives. Ce coup peut être employé pour paralyser les mouvements d'une personne attaquée.

Voici le procédé :

On saisit, par derrière avec une main, un bras de la victime, à la hauteur du biceps, et, tandis qu'on immobilise ce membre on prend avec l'autre main le poignet du bras captif auquel on imprime un mouvement de torsion (fig. 73).

PARADE.

On pare ce coup en se retournant du côté opposé au bras saisi et en frappant l'agresseur au visage avec le coude libre (fig. 74).

Mais il faut opérer avec diligence, car si l'adversaire a le temps de vous relever le bras derrière le dos, il vous rend tout mouvement impossible et les efforts que vous tenterez pour vous dégager ne feront qu'augmenter la torsion (fig. 75).

Fig. 73. — Le bras roulé (l'attaque).

Fig. 74 — Le bras roulé (parade).

Fig. 75. — Le bras roulé (parade impossible).

Le coup de tête.

Ce genre d'attaque est assez employé chez les apaches de barrière pour surprendre celui qui ne surveille que les mains ou les pieds de son opposant.

Dès que l'on voit l'homme se fendre en arrière et baisser la tête, ne pas reculer, mais tomber en garde et, au moment où il est à votre proximité, le frapper au visage d'un coup de poing porté de bas en haut (fig. 76).

Puis, si vous voulez achever sa défaite, engagez sa tête sous votre coude en faisant passer devant sa gorge votre avant-bras dont la main enserrera votre poignet libre au moyen duquel vous ferez levier pour produire l'étranglement (fig. 77).

La petite chaise.

On désigne sous ce nom un coup sournois qui consiste à saisir par derrière sa victime, lui appliquer un genou à la hauteur des reins et à la faire tomber à la renverse en la tirant brusquement en arrière par les épaules (fig. 78).

PARADE.

Dès que l'on se sent pris dans ces conditions, pivoter rapidement sur un talon, ce qui détruit l'effet de la pression du genou, se baisser pour saisir et relever la jambe de l'agresseur dont on provoquera ainsi la chute (fig. 79).

Fig. 76. — Le coup de tête (parade).

Fig. 77. — Le coup de tête (riposte).

Fig. 78 — La petite chaise (l'attaque).

Fig. 79. — La petite chaise (la parade).

Étreintes à la gorge.

Les prises à la gorge sont les plus redoutables, car, bien exécutées, elles produisent rapidement la suffocation ; l'important est donc, dès que l'on se sent saisi par devant ou par derrière, de rompre l'étreinte de son agresseur.

Deux moyens peuvent être employés pour faire la strangulation : les mains ou l'avant-bras.

Première manière.

Étant saisi à deux mains par un adversaire ayant introduit ses doigts dans votre col et pressant sur votre épiglotte avec ses phalanges repliées, ainsi qu'il est dit dans les conseils préliminaires, c'est-à-dire dans les conditions les plus dangereuses (fig. 79 *bis*) ;

Vous réunissez vos deux poings, les relevez brusquement en les passant entre les bras de l'assaillant qui se trouve contraint de vous lâcher et à qui vous pouvez, en même temps, porter un coup au visage (fig. 80).

Si cette riposte ne suffit pas ou si vous craignez un retour offensif; avec vos deux mains toujours réunies, saisissez sa tête par derrière et amenez violemment son visage contre un de vos genoux relevé (fig. 81).

Deuxième manière.

Au lieu d'être serré à la gorge, vous pouvez n'être pris qu'au collet (fig. 82); dans ce cas, vous serez immédiatement délivré et vos vêtements n'auront pas à souffrir si, de vos deux mains, vous vous emparez de la tête de votre homme et écrasez avec force son visage contre le sommet de votre crâne porté en avant (fig. 83).

Troisième manière.

Étranglé par derrière au moyen de ce que les lutteurs appellent une cravate, procédé consistant à serrer le cou du partenaire avec un bras sur lequel l'autre fait levier (fig. 84);

Fig. 79 *bis*. — Étreinte de la gorge
(1re manière, l'attaque).

Fig. 80. — Étreinte de la gorge (1re manière, parade).

Fig. 81. — Étreinte de la gorge (1ʳᵉ manière, riposte).

Fig. 82. — Étreinte de la gorge (2e manière, l'attaque).

Fig. 83. — Étreinte de la gorge
(2e manière, la riposte).

Fig. 84. — Étreinte de la gorge (3ᵉ manière).

Mettez aussitôt un poing sur votre hanche et du coude ainsi relevé, frappez en vous retournant brusquement votre adversaire à la hauteur des fausses côtes (fig. 85). Ce moyen de défense est également bon pour parer le coup du « père François ».

Quatrième manière.

On peut n'être saisi à la gorge que par une main, ce qui rend impossible la parade des deux bras ci-dessus décrite (fig. 86). Loin de chercher à vous dégager, prenez à deux mains le poignet qui vous étreint, fendez-vous légèrement en arrière (fig. 87) ; retournez-vous brusquement sans lâcher le membre captif que vous faites passer sur votre épaule gauche, si vous tenez le bras droit, droite si vous tenez le bras gauche et, faisant levier avec le poignet sur lequel vous tirez, vous pouvez, à votre volonté, amener la désarticulation du coude ou de l'épaule (fig. 88).

Prise aux vêtements.

En dehors des nombreux moyens que l'on peut employer pour se débarrasser d'un individu qui vous a saisi par les habits, voici un procédé vous permettant sans le blesser ni même le frapper de lui faire lâcher prise.

Premier temps.

Vous trouvant empoigné et secoué par le paletot (fig. 89), fendez-vous en arrière le plus possible, baissez rapidement la tête en la passant entre les bras de votre agresseur (fig. 90) et relevez-vous brusquement de côté, en vous retournant.

Ce mouvement produira la torsion de ses bras et le contraindra à ouvrir les mains (fig. 91).

Fig. 85. — Étreinte de la gorge
(3e manière, parade).

Fig. 86. — Étreinte de la gorge
(4e manière, 1er temps).

Fig. 87. — Étreinte de la gorge
(4ᵉ manière, 2ᵉ temps).

Fig. 88. — Étreinte de la gorge
(4ᵉ manière, 3ᵉ temps).

Fig. 89. — Prise aux vêtements (l'attaque).

Fig. 90. — Prise aux vêtements (parade, 1ᵉʳ temps).

Fig. 91. — Prise aux vêtements (parade, 1er temps).

Prises à bras-le-corps.

Ces sortes d'attaques, qu'elles soient faites par devant, par derrière ou de côté, sont connues dans le langage des lutteurs sous le nom de « ceintures » ; elles sont plus ou moins dangereuses, selon que l'assaillant vous a, tout étreignant vos reins, emprisonné un ou deux bras ; voici comment vous vous comportez dans ces diverses circonstances.

Ceinture en avant
(les bras étant libres).

Première manière.

Aussitôt pris : avancez une jambe entre celles de votre adversaire, relevez vos bras et, saisissant un de vos poignets que vous appliquez sur sa gorge, vous le repoussez violemment loin de vous (fig. 92).

Deuxième manière.

Pour vous débarrasser d'un agresseur dont l'étreinte vous empêche d'employer la parade précédente ou dont le visage est trop près du vôtre pour que vous puissiez introduire votre bras, saisissez sa tête entre vos deux mains et imprimez-lui un fort mouvement de torsion (fig. 93).

Fig. 92. — Ceinture en avant
(les bras étant libres, 1re manière).

Fig. 93. — Ceinture en avant
(les bras étant libres, 2e manière).

Fig. 94. — Ceinture en avant
(avec un bras pris).

Ceinture en avant
(avec un bras pris).

Si on vous a ceinturé par devant en vous immobilisant un bras, servez-vous de la main restée libre pour exercer sur le globe de l'œil de l'opposant une vigoureuse pression ; la douleur éprouvée l'obligera à se rejeter en arrière (fig. 94).

Ceinture en avant
(les deux bras étant pris).

Première manière.

Dans cette position, si vous n'êtes pas serré avec trop de vigueur, baissez-vous en glissant le long de la poitrine de votre homme ; allongez les bras jusqu'à ce que vous ayez pu prendre une de ses jambes que vous relevez brusquement pour le faire tomber à la renverse (fig. 95).

Deuxième manière.

Mais si une étreinte trop forte vous interdit tout mouvement du corps, faites-lui lâcher prise en le frappant entre les deux jambes d'un grand coup de genou, ou portez-lui sur l'orteil le plus près de vos pieds un coup de talon ; ces deux opérations faites simultanément vous débarrassent pour longtemps de celui qui les aura subies (fig. 96).

Fig. 95. — Ceinture en avant
(les deux bras étant pris, 1re manière).

Fig. 96. — Ceinture en avant
(les deux bras étant pris, 2ᵉ manière).

Fig. 97. — Ceinture en arrière
(les deux bras étant pris, 1re manière).

Fig. 98. — Ceinture en arrière
(les deux bras étant pris, 2ᵉ manière).

Ceinture en arrière
(les deux bras étant pris).

Première manière.

Bien que placé dans des conditions très défavorables pour la défense, vous serez vite délivré en employant le moyen suivant :

Courbez-vous le plus possible en avant ; tenez vos bras étendus vers le sol afin d'éviter la chute complète, dans le cas où votre adversaire vous passerait un croc en jambe, et fendez-vous autant que vous le pourrez en arrière. Dans cette position vous ne risquez plus d'être soulevé et renversé (fig. 97).

Deuxième manière.

Si l'adversaire est à peu près de votre taille, profitez de ce qu'il est près de vous, pour renverser brusquement la tête et lui meurtrir le visage avec le derrière de votre crâne (fig. 98).

Parades et ripostes de coups de poing.

Première manière.

Voyez-vous un individu se préparer à vous envoyer un coup de poing; remarquez le sens de sa garde, c'est-à-dire s'il se sert du poing droit ou gauche pour frapper; ne cherchez pas à éviter son attaque en rompant, il n'aurait qu'à faire un pas pour vous rejoindre et vous porter un coup augmenté de toute la force de son élan, mais, lorsqu'il lancera son bras dans votre direction, au lieu de tenter une parade quelconque, avancez obliquement sur lui, passez rapidement le long du bras offensif et, vous trouvant sur son côté, profitez de la situation pour lui porter un coup en percussion sur les reins, les côtes ou la nuque (fig. 99).

Deuxième manière.

Si, n'ayant pu effectuer la manœuvre indiquée ci-dessus, vous avez été atteint, avant

Fig. 99. — Parade et riposte d'un coup de poing
(1re manière).

Fig. 100. — Parade et riposte d'un coup de poing
(2ᵉ manière, parade).

Fig. 101. — Parade et riposte d'un coup de poing
(2ᵉ manière, riposte).

Fig. 102. — Parade et riposte d'un coup de poing
(3ᵉ manière).

Fig. 103. — Parade et riposte d'un coup de poing (3e manière, parade).

d'avoir pu vous jeter de côté ; écartez d'un coup sec le bras de votre adversaire en le chassant vers son corps (fig. 100) ; avec l'autre main, saisissez son poignet ainsi détourné, relevez-le aussi haut que possible et, passant sous son bras, frappez-le en percussion à l'endroit qui vous paraitra le plus favorable (fig. 101).

Troisième manière.

Au moment où l'opposant se prépare à vous frapper, tenez-vous en garde les bras en forme de V renversé ; prenez le poing lancé vers vous avec vos deux mains en emprisonnant tous les doigts, y compris le pouce (fig. 102) ; en relevant ou abaissant rapidement son bras captif vous parerez les coups qu'il essayera de vous porter avec sa main libre.

Dans ce mouvement les deux avant-bras se heurteront douloureusement et il est peu probable qu'il résiste à deux ou trois chocs ainsi provoqués (fig. 103).

Quatrième manière.

Enfin, si vous désirez mettre rapidement fin au combat, vous ferez, au moment où son bras sera en l'air, un pas rapide du côté de ce membre que vous retournerez par-dessus son épaule pour le faire tomber à la renverse (fig. 104).

Fig. 104. — Parade et riposte d'un coup de poing
(4ᵉ manière, riposte).

Fig. 105. — Défense à terre (1re manière).

Fig. 106. — Défense à terre (2e manière).

Défenses à terre.

Première manière.

Un coup mal paré, une attaque imprévue, un faux mouvement, peuvent amener votre chute ; lorsque votre adversaire, voulant profiter de votre infériorité momentanée, s'approchera de vous, portez-lui un coup de pied en pointe dans la région du ventre (fig. 105).

Deuxième manière.

Si pour une raison quelconque, faiblesse, blessure, etc., vous ne pouvez employer la défense précédente, relevez seulement un genou, ce qui rendra tout corps à corps impossible (fig. 106).

Troisième manière.

Enfin, si, malgré tous vos efforts, l'agresseur parvient à vous saisir et cherche à vous donner de nouveaux coups, profitez alors de ce qu'il se trouve à votre portée pour lui prendre le bas-ventre que vous tordez vigoureusement. La douleur le forcera à se relever et vous dégagera de son étreinte (fig. 107).

Fig. 107. — Défense à terre (3e manière).

Fig. 108. — Homme armé d'une canne (1er temps).

Fig. 109. — Homme armé d'une canne (2e temps).

CONTRE LES GENS ARMÉS

Homme armé d'une canne.

Un coup de canne, à moins d'être porté en bout, n'est généralement pas très dangereux, surtout si on peut en atténuer l'effet par une parade du bras.

Aussi, dès qu'un individu lèvera son bâton sur vous, mettez-vous en garde ; tenez votre bras droit levé pour protéger votre visage (fig. 108). Le coup lancé, cherchez à le parer, mais dans tous les cas saisissez et abaissez la canne qui, faisant levier sur les doigts les contraindra à s'ouvrir (fig. 109).

Homme armé d'un couteau.

Première manière.

Pour se défendre contre un individu armé d'un couteau, il faut opérer à la façon des toréadors, c'est-à-dire saisir en guise de « muleta » le premier morceau d'étoffe venu : paletot, pèlerine, tapis, au besoin un mouchoir ou même un chapeau et tenir l'objet en l'agitant à quelque distance de soi (fig. 110).

L'agresseur est comme le taureau ; il fonce sur l'obstacle qu'on lui oppose. Dans ce cas, protégé par votre bouclier flottant qui arrête ou détourne son arme, vous profitez de ce qu'il est à votre proximité pour lui porter un coup de pied quelconque (fig. 111).

Si, grâce à cette manœuvre, il comprend l'inutilité de son attaque de front et cherche à vous tourner, employez ce court instant de répit pour jeter entre vous et lui tous les obstacles possibles, chaises, meubles, etc.... Mais si, brusquement surpris dans la rue,

Fig. 110. — Homme armé d'un couteau
(1re manière, parade).

Fig. 411. — Homme armé d'un couteau
(1re manière, riposte).

Fig. 112. — Homme armé d'un couteau (parade).

Fig. 113. — Homme armé d'un couteau (le désarmer)

ces moyens de protection vous font défaut, lancez-lui au visage ce qui vous tombera sous la main, sable, cailloux, tabac à priser, etc..., et, l'ayant ainsi arrêté un instant, utilisez ce temps gagné pour vous mettre en défense (fig. 112).

Enfin, si, après avoir paré le coup qui vous était destiné, vous avez pu saisir le bras armé, passez rapidement sur le côté extérieur de ce membre que vous immobilisez en saisissant le biceps avec la main gauche et le poignet avec la main droite; puis, plaçant votre pouce à l'endroit où bat le pouls, exercez une forte pression pour le contraindre à ouvrir les doigts (fig. 113).

Deuxième manière.

Il est nécessaire de décomposer en plusieurs temps ce procédé, afin de le rendre bien compréhensible.

Premier temps.

L'homme se précipitant pour donner un coup de couteau : portez-vous en arrière, vous tenant en garde, le pied gauche en avant (fig. 114).

Deuxième temps.

Au moment où il fonce, saisissez la partie extérieure de son bras au-dessus du coude avec votre main gauche, les doigts en dessus; de la main droite, emparez-vous de son poignet et forcez-le à abandonner l'arme par un vif mouvement de torsion (fig. 115).

Troisième temps.

Mais si vous n'avez pu immobiliser son poignet par suite d'un mouvement imprévu de sa part, jetez rapidement votre bras droit autour de son cou tout en portant votre jambe droite en avant pour caler les siennes; dans cette position, la main armée sera placée sous votre aisselle et hors d'état de vous atteindre; le bras de l'agresseur étant toujours maintenu (fig. 116).

Quatrième temps.

En le renversant brusquement en arrière,

Fig. 114. — Homme armé d'un couteau
(2e manière, 1er temps).

Fig. 115. — Homme armé d'un couteau
(2ᵉ manière, 2ᵉ temps).

Fig. 116. — Homme armé d'un couteau
(2ᵉ manière, 3ᵉ temps).

Fig. 117. — Homme armé d'un couteau (2e manière, 4e temps).

Fig. 118. — Homme armé d'un couteau (2e manière, 3e temps).

vous provoquerez sa chute, pendant laquelle il lâchera instinctivement son couteau afin de ne pas se blesser; mais s'il a conservé son arme tout en étant à terre, n'essayez pas de la lui arracher, vous pourriez être touché aux jambes ou au ventre; faites-le capituler en lui portant quelques coups de talon dans les côtes ou dans le ventre (fig. 117).

Cinquième temps.

Si enfin, dans sa chute, le malfaiteur est tombé sur le ventre, jetez-vous aussitôt sur lui ; immobilisez son bras droit contre son corps avec votre main gauche et pressez vigoureusement avec le pouce droit, soit à la place où bat le pouls, soit sur le muscle de la main saisie, entre l'annulaire et le petit doigt (fig. 118).

Troisième manière.

Il y a encore un moyen très efficace de faire lâcher le couteau ou l'objet dont un malfaiteur cherche à vous frapper.

Après une parade quelconque, étant parvenu à saisir son bras armé, maintenez solidement son poignet immobile et abaissez sa main avec force vers la terre.

Sous l'effet de cette pression, ses doigts s'ouvriront d'eux-mêmes (fig. 119).

Fig. 119. — Homme armé d'un couteau
(3ᵉ manière, le désarmer).

Fig. 120. — Homme armé d'un revolver (1ᵉʳ temps).

Fig. 121. — Homme armé d'un revolver (2e temps).

Homme armé d'un revolver.

Vous venez d'essuyer un coup de feu ou êtes seulement menacé par un agresseur tenant un revolver; pour désarmer l'homme vous pratiquez ainsi :

Premier temps.

Passez vivement à sa droite en vous emparant, avec la main droite, du poignet armé, tandis que votre main gauche s'abat sur son biceps, le pouce en haut, pour immobiliser le bras (fig. 120).

Deuxième temps.

Abaissez, en le tournant vers la gauche, le bras captif tout en veillant à ce que le canon du revolver soit toujours dirigé vers le sol pendant cette évolution, puis amenez son bras derrière sa jambe droite en forçant l'homme, par une forte tension, à se pencher vers vous (fig. 121).

Troisième temps.

Appuyez fortement votre épaule droite contre la sienne pour éviter un coup de sa main gauche ; placez votre tête derrière son dos et, dans cette position, pressez énergiquement avec le pouce, soit à l'endroit où bat le pouls, soit sur le muscle de la main dont il a déjà été parlé (fig. 122).

Fig. 122. — Homme armé d'un revolver (3ᵉ temps).

Fig. 123. — Une ruse (1ᵉʳ temps).

Fig. 124. — Une ruse (2e temps).

UNE RUSE

Dans tous les cas d'attaque ou de défense, si l'on se trouve en présence d'un individu sur ses gardes ou ne s'offrant pas dans des conditions permettant de le saisir comme on le désire, il est un moyen qui manque rarement son effet : c'est de détourner son attention pendant quelques secondes en feignant de parler ou d'appeler une personne imaginaire qui se trouverait derrière lui (fig. 123).

Instinctivement il se retourne pour voir à qui vous vous adressez et juger de l'attitude qu'il doit prendre envers le nouvel arrivant ; vous pouvez utiliser cette courte distraction pour l'aborder, lui porter un coup ou le saisir dans les conditions les plus favorables (fig. 124).

DÉFENSES POUR DAMES

Le féminisme étant à l'ordre du jour, j'ai tenu, en terminant cet ouvrage, à donner au sexe faible l'occasion de se montrer fort en lui révélant quelques procédés de défense faciles à employer.

La plupart de ces coups ne sont pas de nature à démolir l'adversaire ; ils ne nécessitent ni la force musculaire ni un entraînement long et méthodique ; ce ne sont pas des exercices de lutte, mais simplement des moyens propices à prévenir ou repousser une attaque.

Les mots *attaque* et *défense* sont peut-être un peu gros dans la circonstance. Une femme sérieusement empoignée par quelque brigand qui en veut à sa bourse ou à sa vie, n'a pas plus de ressources qu'un homme. Au contraire l'armature du corset et le flottement de la jupe ne sont pas pour aider la précision et la rapidité des mouvements. Il est évident qu'il vaut mieux, en cas de danger, n'être pas empêtrée dans ses vêtements.

Mais si, en cas de péril grave, la femme est très exposée, est réduite à utiliser les mêmes leçons de défense que l'homme, elle dispose de moyens pratiques contre ce que j'appellerai les demi-périls de l'existence. L'assaillant exerce alors, en général, une violence souriante qui le met déjà en état d'infériorité. Son attaque fait des grâces, le bras seul menace, mais l'œil a des amabilités de joli cœur. L'assaut est tempéré par le désir de plaire et de rendre la force inutile par le consentement.

La révolte contre ces sortes d'entreprises est toujours gauche et maladroite. Troublée, ne sachant que faire, craignant le scandale, désireuse de se débarrasser de l'importun sans tapage, la femme est généralement impuissante à mâter d'un seul coup ces trop grandes hardiesses. Si bien, qu'encouragé par une résistance que l'inhabileté semble rendre presque douce, le monsieur peu scrupuleux accentue encore l'énergie de son insistance, et la malheureuse se débat avec des gestes lamentables et inutiles ou des paroles d'injures plus vaines encore.

Si vous savez employer utilement quelques-uns des moyens décrits plus loin, vous vous débarrasserez avec une aisance étonnante des gêneurs désireux de vous manifester des sentiments qui, pour être sincères, auraient à vos yeux le défaut d'être exagérés ou intempestifs.

Pour se débarrasser d'un importun.

Première manière.

Le suiveur, plaie de Paris, terreur de beaucoup de femmes, ne se permet que rarement les gestes un peu violents. Il se contente de marcher derrière sa victime, en lui parlant de très près, presque dans le cou.

Vous vous débarrassez du personnage à l'aide d'un geste et d'un mouvement qui ne demandent aucune force, aucune dépense d'énergie.

Vous accélérez l'allure, il se rapproche pour vous adresser des paroles prometteuses; à ce moment, placez un poing sur la hanche et retournez-vous brusquement du côté de ce bras dont le coude viendra frapper au creux de l'estomac ou dans les côtes le poursuivant dont vous aurez fait la déplaisante conquête, et qui trouvera subitement que vous manquez de charme (fig. 125).

Fig. 125. — Pour se débarrasser d'un importun
(1ʳᵉ manière).

Fig. 126. — Pour se débarrasser d'un importun (2e manière).

Deuxième manière.

Au lieu de le heurter à la poitrine, vous pouvez, si le monsieur se penche légèrement et tente une familiarité de mauvais goût, lui porter, par le même moyen, le coup de coude sur le côté de la tête (fig. 126).

Troisième manière.

Voici un autre moyen encore plus aisé de changer les idées d'un suiveur; il est extrêmement pratique, car c'est une modification à peine sensible d'un geste presque réflexe. On cherche, en effet, presque toujours à écarter son adversaire de la main, en étendant le bras; ce mouvement, qui reste généralement sans résultat ou qui peut même devenir dangereux si l'on s'empare de votre poignet, a des conséquences merveilleuses et rapides lorsqu'on se rappelle que, quoi qu'ils en disent, les hommes se laissent toujours mener par le bout du nez. Il suffit, d'un coup de la paume de la main, de le lui relever avec une certaine énergie. Soyez assurée que l'ennemi tout piteux, étourdi par cette riposte inattendue qui lui fera doublement mal, d'abord à l'épiderme et ensuite, blessure infiniment plus grave, à l'amour-propre, se repliera les yeux larmoyants et le nez dans son mouchoir (fig. 127).

Quatrième manière.

Toujours voulant éloigner un importun, vous avez étendu le bras et cherchez de la main à le repousser; si vous vous bornez à heurter sa poitrine, votre défense toute platonique ne fera qu'encourager son insistance, mais si vous étendez les doigts et le frappez en bout au creux de l'estomac, vous lui imposerez un temps d'arrêt dont il gardera une fâcheuse impression.

Cinquième manière.

Vous pouvez modifier le geste pour ne pas compromettre vos ongles un peu longs; dans ce cas, réunissez les doigts et, d'un coup sec, comme si vous vouliez trancher quelque chose, portez un coup de la percussion de la

Fig. 127. — Pour se débarrasser d'un importun.
(3ᵉ manière)

Fig. 128. — Pour se débarrasser d'un importun (5ᵉ manière).

Fig. 129. — Pour se débarrasser d'un importun
(6ᵉ manière).

main sur le milieu de la clavicule : le résultat sera identique (fig. 128).

Sixième manière.

Un autre moyen du même genre est encore plus décisif, quoiqu'il ne soit qu'une transformation d'un geste de défense assez commun, du soufflet. Une gifle peut provoquer une brusque colère, parfois une riposte désagréable, et il n'y a rien de tel pour ameuter les badauds.

Au lieu d'envoyer vos doigts à plat sur la figure de votre adversaire, heurtez-le avec la percussion de votre main sur la pomme d'Adam, et vous m'en direz des nouvelles (fig. 129).

Septième manière.

Enfin, dans une foule, serrée dans des conditions qui ne vous permettent pas d'échapper aux familiarités d'un individu placé derrière vous, cherchez d'un coup d'œil l'endroit où se trouve son pied le plus voisin de vous, visez une seconde, puis, sans paraître le faire intentionnellement, donnez-lui un bon coup de talon sur l'orteil (fig. 130).

Pour échapper à une étreinte violente.

Nous abordons maintenant les moyens de défense qui vous permettront de faire lâcher prise à un homme vous étreignant par la taille et cherchant à approcher son visage du vôtre.

Première manière.

Placez un de vos bras replié devant vous en serrant le poignet avec votre autre main ; faites porter votre avant-bras sur la gorge de l'assaillant, puis repoussez-le violemment loin de vous. L'effet de cette manœuvre sera plus grand si, au lieu de poser d'abord votre bras sur son cou pour le rejeter en arrière, vous saisissez votre poignet et, de vos deux bras lancés ensemble, lui heurtez l'épiglotte (fig. 131).

Deuxième manière.

L'homme peut vous avoir, dans son étreinte,

Fig. 130. — Pour se débarrasser d'un importun (7e manière).

Fig. 131. — Pour échapper à une étreinte violente (1re manière).

Fig. 132. — Pour échapper à une étreinte violente (2ᵉ manière).

emprisonné un bras et, dans ces conditions, vous rendre impossible la défense précédente. Ne vous considérez pas comme perdue ; vous avez là une belle occasion de lui montrer que l'expression « tenir un homme à l'œil » n'est pas une phrase vide de sens, et, pour renforcer cet argument, servez-vous du pouce de votre main libre avec lequel vous presserez sur le globe de l'un de ses yeux.

Si ses lumières ne lui suffisent pas pour guider les actes de son existence, celles qu'il verra aussitôt devant son orbite endolori éclaireront d'un jour nouveau l'attitude qu'il doit prendre à votre endroit (fig. 132).

Troisième manière.

Votre assaillant, tout en vous tenant à bras-le-corps, vous a laissé l'usage de vos mains ; c'est le moment de lui tourner la tête un peu plus que vos charmes ne l'ont déjà fait ; vous emparant de son chef, vous lui imprimerez un violent mouvement de torsion qui, sans lui mettre la tête à l'envers, lui causera une douleur suffisante pour qu'il vous délivre aussitôt (fig. 133).

Quatrième manière.

Elle est discrète, mais efficace, et je n'insisterai pas sur ses résultats; dans tous les cas, lorsque vos raisons ne décideront pas le monsieur à vous rendre la liberté réclamée, vous n'aurez qu'à relever brusquement un genou, sans ajouter d'autres paroles à cet argument muet, mais péremptoire (fig. 134).

Fig. 133. — Pour échapper à une étreinte violente (3ᵉ manière).

Fig. 134. — Pour échapper à une étreinte violente
(4ᵉ manière).

Pour immobiliser un homme.

Première manière.

Bien que n'étant pas aux prises avec votre agresseur, vous avez cependant à vous défendre contre ses poursuites et ses sollicitations inquiétantes. Ne cherchez pas le salut dans la fuite ou la lutte, vos forces s'épuiseraient sans résultat ; laissez-vous aborder, au contraire, mais, sitôt près de lui, emparez-vous de l'un de ses poignets, ramené et relevé vivement en arrière avec torsion ; puis saisissez-le à la nuque pour l'empêcher de se retourner ; vous avez alors le temps de réclamer du secours et, dans tous les cas, il ne pourra faire un mouvement sans éprouver une grande souffrance (fig. 135).

Deuxième manière.

Ce moyen ne diffère du précédent qu'en ce qu'au lieu de tenir votre adversaire à la nuque, vous rendez plus étroite l'immobilisation de son bras captif en l'enveloppant par-dessus avec votre bras resté sans emploi.

Vous disposez ainsi d'une puissance énorme et pouvez même, en accentuant la torsion, amener la désarticulation du coude ou du poignet (fig. 136).

Troisième manière.

Je renouvellerai, pour l'application de ce procédé, le conseil donné plus haut, c'est-à-dire de ne pas vous épuiser dans une course autour de la pièce transformée en champ clos, mais d'attendre de pied ferme l'agresseur.

Lorsqu'il avancera les bras tendus pour vous saisir, foncez sur lui et passez votre bras gauche sous son bras droit aussi loin que possible ; vous exécuterez ce mouvement avec d'autant plus de facilité que l'homme ne fera rien pour éviter votre rencontre (fig. 137).

Aussitôt votre bras gauche engagé sous le sien, emprisonnez-le lui en le serrant contre

Fig. 139. — Pour immobiliser un homme
(3e manière, 3e temps).

votre corps ; passez rapidement derrière son dos pour vous emparer, avec votre main droite, de son bras droit qui, tiré vigoureusement en arrière, sera saisi par votre main gauche (fig. 138). Ces deux temps, rapidement exécutés, vous donneront le libre emploi de votre main droite avec laquelle vous pourrez ou le frapper ou seulement le pousser en avant en appuyant sur sa nuque ; mais si vous n'avez pas réussi à vous emparer de son poignet droit avec votre main gauche, vous le maintiendrez immobile en retenant son bras droit par la manche (fig. 139).

Renverser un homme.

Un homme qui s'est laissé battre par une femme n'est jamais bien glorieux, et l'attitude d'un coq qu'une poule aurait pris est plutôt dénuée de prestige. Si donc, au lieu de vous borner à l'emploi d'un des moyens que je viens d'enseigner, vous voulez infliger à votre assaillant une défaite humiliante, vous pouvez le renverser d'un seul coup en procédant ainsi :

Au moment où il vient vers vous les bras prêts pour l'enlacement, saisissez ses deux poignets à la fois, relevez-les brusquement, le plus haut possible, en les rejetant en arrière, tandis que vous lui portez dans l'abdomen un coup de genou qui l'enverra rouler à quelques pas (fig. 140).

L'homme, tout confus, s'excusera presque toujours en disant qu'il ne vous voulait pas de mal, qu'il s'agissait d'une simple plaisanterie d'innocence absolue ; quant à vous,

Fig. 140. — Renverser un homme.

vous serez débarrassée et pourrez, en outre, ce qui ne manquera de plaire fort à votre cœur de femme, vous moquer par-dessus le marché de votre piteux adversaire, moulu, battu et pas content.

TABLE DES MATIÈRES

Avant-propos.................................... 1
Conseils préliminaires........................... 13
Contre le trac................................... 19

Procédés agressifs.

Arrêter un fugitif............................... 25
Empêcher la fuite d'un prisonnier................ 28
Conduire un récalcitrant......................... 32
Charger et emporter un homme..................... 36
Immobiliser un homme............................. 41
Terrasser un homme............................... 49

Procédés préventifs.

Le coup du blair................................. 56
La pincette...................................... 57
La poussée....................................... 58
La clavicule..................................... 59
Le talon... 60
Le chapeau....................................... 61
La fourchette.................................... 62
Le gaviot.. 63
Le chien méchant................................. 66

TABLE DES MATIÈRES.

Un coup de canne............................ 67
Évanouissement simulé....................... 68

Procédés défensifs.

Le coup du père François..................... 72
La bascule.................................. 76
Le bras roulé............................... 78
Le coup de tête............................. 79
La petite chaise............................ 80
Étreintes à la gorge........................ 81
Prises aux vêtements........................ 84
Prises à bras-le-corps...................... 85
Ceintures en avant.......................... 86
Ceintures en arrière........................ 89
Coups de poing.............................. 90
Défenses à terre............................ 93

Contre les gens armés.

Désarmer un homme armé d'une canne........... 95
Désarmer un homme armé d'un couteau.......... 96
Désarmer un homme armé d'un revolver......... 101

Une ruse.
Défenses pour dames.

Pour se débarrasser d'un importun............ 108
Pour échapper à une étreinte................. 112
Immobiliser un homme........................ 115
Renverser un homme.......................... 118

CORBEIL. — IMPRIMERIE ÉD. CRÉTÉ

www.ingramcontent.com/pod-product-compliance
Lightning Source LLC
Chambersburg PA
CBHW050344170426
43200CB00009BA/1718